BEI GRIN MACHT SICH IHR WISSEN BEZAHLT

- Wir veröffentlichen Ihre Hausarbeit,
  Bachelor- und Masterarbeit

- Ihr eigenes eBook und Buch -
  weltweit in allen wichtigen Shops

- Verdienen Sie an jedem Verkauf

Jetzt bei www.GRIN.com hochladen und kostenlos publizieren

Bibliografische Information der Deutschen Nationalbibliothek:

Die Deutsche Bibliothek verzeichnet diese Publikation in der Deutschen National-
bibliografie; detaillierte bibliografische Daten sind im Internet über http://dnb.d-
nb.de/ abrufbar.

Impressum:

Copyright © 2018 GRIN Verlag
Druck und Bindung: Books on Demand GmbH, Norderstedt Germany
ISBN: 9783346113948

Dieses Buch bei GRIN:

https://www.grin.com/document/519945

Vanessa Franke

Trainingsplanung für ein Beweglichkeits- und Koordinationstraining

GRIN Verlag

GRIN - Your knowledge has value

Der GRIN Verlag publiziert seit 1998 wissenschaftliche Arbeiten von Studenten, Hochschullehrern und anderen Akademikern als eBook und gedrucktes Buch. Die Verlagswebsite www.grin.com ist die ideale Plattform zur Veröffentlichung von Hausarbeiten, Abschlussarbeiten, wissenschaftlichen Aufsätzen, Dissertationen und Fachbüchern.

Besuchen Sie uns im Internet:

http://www.grin.com/

http://www.facebook.com/grincom

http://www.twitter.com/grin_com

Deutsche Hochschule für
Prävention und Gesundheitsmanagement

Einsendeaufgabe

Fachmodul:	Trainingslehre 3
Studiengang:	Fitnessökonomie
Datum Präsenzphase:	27.11.2017 – 29.11.2017
Name, Vorname:	Franke, Vanessa
Studienort:	**Stuttgart**
Semester:	**WS 15**

Inhaltsverzeichnis

1 Personendaten

Tab. 1: Personendaten

Personendaten		Bewertung/ Normwerte
Alter	24	-
Geschlecht	männlich	-
Körpergröße (in cm)	173cm	-
Körpergewicht (in kg)	75kg	-
Trainingsmotive	Beweglichkeit verbessern	-
Berufliche Tätigkeit	Filialleiter bei der Bank	Sitzende Tätigkeit
Aktuelle und frühere sportliche Aktivitäten	Spielt seit vielen Jahren 2-mal wöchentlich Fußball.	Gutes Leistungsniveau
Zeitlicher Verfügungsrahmen	2-3mal wöchentlich ca. 45 Minuten	Ausreichend Zeit zur Verfügung
Orthopädische und internistische Probleme	Keine Probleme	Volle Belastbarkeit und Trainierbarkeit
Ärztliche Behandlungen	Nein	Volle Belastbarkeit und Trainierbarkeit
Einnahme von Medikamenten	Nein	Volle Belastbarkeit und Trainierbarkeit
Sonstige Gesundheitlichen Einschränkungen	Keine Einschränkungen	Volle Belastbarkeit und Trainierbarkeit
Blutdruck	117 / 75mmHg	< 120/< 80mmHg(optimal)

Bewertung: Die Beweglichkeit nimmt in zunehmendem Alter ab. Allerdings lässt es sich durch regelmäßiges Beweglichkeitstraining verlangsamen. Die Person X ist mit 24 Jahren noch nicht sehr alt, sollte allerdings trotzdem schnell mit einem Beweglichkeitstraining anfangen. Frauen sind im Allgemeinen beweglicher als Männer. Dies liegt zum einen an der unterschiedlich ausgeprägten Form der Gelenke und zum anderen an einer schwächeren Bänderführung sowie geringeren Muskelmasse (Albrecht et al., 2001, S. 15, 2001). Die Person ist sportlich aktiv, da sie regelmäßig Fußball spielt. Beim Fußball trainiert man vor allem die Ausdauer, daher ist ein darauf abgestimmtes Dehntraining sicherlich hilfreich. Das Beweglichkeitstraining ist auch hinsichtlich des Berufes, der Person von Vorteil, denn bei sitzenden Tätigkeiten kann es oft zu Nacken oder Rückenbeschwerden kommen. Der Blutdruck der Person liegt bei 117 / 75mmHg, was im optimalen Bereich liegt (siehe Abb.1).

Die Person nimmt keine Medikamente und besitzt keine gesundheitlichen Einschränkungen und ist daher voll belastbar.

	systolisch (mmHg)	diastolisch (mmHg)
optimal	< 120	< 80
normal	< 130	< 90
hochnormal	130 - 139	85 - 89
Hypertonie Grad 1	140 - 159	90 - 99
Hypertonie Grad 2	160 - 179	100 - 109
Hypertonie Grad 3	>= 180	>= 110

Abb. 1: Einteilung der Blutdruckwerte (*Blutdrucktabelle | BlutdruckDaten-Lexikon*)

2 Beweglichkeitstestung

2.1 Beschreibung der Testdurchführung

Um die Beweglichkeit der Person beurteilen zu können, wird ein Beweglichkeitstest durchgeführt. Ziel ist es, die Beweglichkeitsdefizite sowie Muskelschwächen der Person zu erfassen (Janda, 2000). Zur Testung wird ein manueller Beweglichkeitstest durchgeführt. Hierbei handelt es sich um ein vereinfachtes Testverfahren zur Bewegungsdiagnostik in Anlehnung an die Muskelfunktionsüberprüfung nach Janda (Janda, 2000). Im Folgenden wird die genaue Testdurchführung detailliert für jede Testübung beschrieben.

Tab. 2: Testdurchführung der Beweglichkeitstestung

Getestete Muskelgruppe	Testdurchführung
Brustmuskel (M. pectoralis major)	Die Person legt sich in Rückenlage auf die Behandlungsliege. Um das Becken zu fixieren, werden die Beine angewinkelt. Die Füße haben Kontakt zu Auflagefläche. Der Thorax des Probanden wird durch den Tester fixiert, indem er durch einen leichten Zug mit der Hand / Unterarm in diagonaler Richtung und weg von der zu testenden Seite Druck ausübt. Der Arm, an dem getestet wird ist im Schultergelenk abduziert und nach außen rotiert. Das Ellenbogengelenk wird in einem 90° Beugewinkel positioniert. Als Messbereich gilt die Position des Oberarms zur Horizontalen. Bei der Testdurchführung sollte man darauf achten, dass

	die Lendenwirbelsäule und das Becken nicht von der Behandlungsliege abheben, um eine Testverfälschung zu verhindern. Durch die angewinkelten Beine wird das Becken weitgehend fixiert. Zur weiteren Stabilisierung kann zusätzlich noch die Bauchmuskulatur angespannt werden (Janda, 2000, S. 270). Die Bewertung des Testes erfolgt über eine Einteilung in Stufen (nach Janda, 2000, S. 271). Stufe 0: Keine Defizite in der Beweglichkeit. Die Horizontale wird durch den Oberarm erreicht, ein leichter Druck des Testers kann den Oberarm unter die Horizontale bringen Stufe 1: Leichte Defizite in der Beweglichkeit. Die Horizontale wird nicht erreicht, kann aber durch leichten Druck des Testers erreicht werden. Stufe 2: Deutliche Defizite in der Beweglichkeit. Horizontale kann auch durch Druck des Testers nicht erreicht werden.
Hüftbeugemuskulatur (speziell M. iliopsoas)	Der Proband legt sich in Rückenlage auf die Behandlungsliege. Das Gesäß schließt mit dem Rand der Liege ab, so dass sich die Beine im Überhang befinden. Während das eine Beine im Überhang bleibt, wird das andere Bein angewinkelt und maximal zum Körper heran gezogen. Hierbei kann der Tester den Probanden unterstützen. Als Messbereich gilt die Position des Oberschenkels im Verhältnis zur Körperlängsachse (Hüftbeugewinkel). Um ein verfälschtes Testergebnis zu verhinden, muss darauf geachtet werden, dass die Lendenwirbelsäule und das Becken auf der Behandlungsliege fixiert bleiben (Janda, 2000, S. 258). Die Bewertung des Testes erfolgt über eine Einteilung in Stufen (nach Janda, 2000, S. 259). Stufe 0: Keine Einschränkungen der Beweglichkeit. Die Horizontale wird durch den Oberschenkel erreicht, durch Druck des Testers kann der Oberschenkel unter diese bewegt werden. Stufe 1: Leichte Defizite in der Beweglichkeit. Leichte Hüftbeugestellung; der Tester kann den Oberschenkel durch leichten Druck bis zur Horizontalen bewegen. Stufe 2: Deutliche Defizite in der Beweglichkeit. Der Oberschenkel kann auch durch Druck des Testers nicht bis zur Horizontale bewegt werden.
Kniestreckmuskulatur (speziell M. rectus femoris)	Der Proband legt sich in Rückenlage auf die Behandlungsliege. Das Gesäß schließt mit dem Rand der Liege ab, so dass sich die Beine im Überhang befinden. Der Proband zieht anschließend ein angewinkeltes Bein maximal bis zum Körper heran. Das andere Bein, das durch den Tester im maximal möglichen Hüftextensionswinkel fixiert wird, wird von diesem dann in einen maximal möglichen Kniebeugewinkel geführt. Als Messbereich wird der Winkel zwischen Oberschenkel und Unterschenkel gewählt (Kniebeugewinkel). Um eine Testverfälschung zu verhindern, sollte man darauf achten, dass die Lendenwirbelsäule und das Becken nicht von der Behandlungsliege abheben. Durch den Zug am angewinkelten Bein bis zum Körper heran, werden Lendenwirbelsäule und Becken weitgehend stabilisiert. Der Tester sollte allerdings darauf achten, dass die Beugung im Kniegelenk nicht durch die Auflagefläche bzw. die Behandlungsliege behindert werden (Janda, 2000, S. 258). Die Bewertung des Testes erfolgt über eine Einteilung in Stufen (nach Janda, 2000, S. 258). Stufe 0: Keine Einschränkungen in der Beweglichkeit. der Unterschenkel hängt

	senkrecht herab und durch leichten Druck des Testers kann die Kniebeugung vergrößert werden. Stufe 1: Leichte Defizite in der Beweglichkeit. Der Unterschenkel ist leicht nach vorne gestreckt, durch leichten Druck des Testers ist es möglich einen 90° Kniebeugewinkel zu erreichen. Stufe 2: Deutliche Defizite in der Beweglichkeit. Unterschenkel deutlich nach vorne gestreckt, ein Kniebeugewinkel von 90° wird auch durch Druck des Testers nicht erreicht.
Kniebeugemuskulatur (Mm. Ischiocrurales)	Die Person legt sich in Rückenlage auf die Behandlungsliege, das Bein an dem nicht getestet wird ist im Hüft- und Kniegelenk gebeugt. Das zu testende Bein wird vom Tester, bei gestrecktem Kniegelenk, so weit wie möglich in die Hüftflexion geführt. Hierbei sollte der Tester darauf achten, dass das Knie frei bleibt. Der Messbereich ist der Hüftbeugewinkel, dies ist der Winkel zwischen Longitudinalachse und Beinachse. Um ein verfälschtest Testergebnis zu verhindern muss darauf geachtet werden, dass die Lendenwirbelsäule und das Becken auf der Behandlungsliege fixiert bleiben. Außerdem sollte darauf geachtet werden, dass das zu testende Bein gestreckt bleibt und das Gegenbein die Ausgangsposition nicht verlässt (Janda, 2000, S. 261). Die Bewertung des Testes erfolgt über eine Einteilung in Stufen (nach Janda, 2000, S. 262). Stufe 0: Keine Defizite in der Beweglichkeit. Die Flexion im Hüftgelenk ist bis 90° möglich. Stufe 1: Leichte Defizite in der Beweglichkeit. Die Flexion im Hüftgelenk ist im Ausmaß von 80 – 90 ° möglich. Stufe 2: Deutliche Defizite in der Beweglichkeit. Die Flexion im Hüftgelenk ist nur unter 80° möglich.
Wadenmuskulatur (Mm. triceps surae)	Der Proband legt sich in Rückenlage auf die Behandlungsliege. Das nicht zu testende Bein ist gebeugt und der Fuß auf der Unterlage aufstehend. Das zu testende Bein ist gestreckt. Die körperferne Hälfte (distale Hälfte) des Unterschenkels, des zu testenden Beines, ragt über die Kante der Liege hinaus. Der Tester greift mit der einen Hand das Bein distal am Fersenbein. Mit der anderen Hand wird der Fuß von der Fußaußenkante her gefasst. Der Tester übt an der Ferse einen Hauptzug aus und zieht distalwärts. Der Daumen der anderen Hand drückt den Vorfuß mit leichtem achsengerechten Druck zum Schienbein hin. Man sollte bei der Testdurchführung beachten, dass der Druck mit dem Daumen nicht in der Mitte der Fußsohle erfolgt, sondern am äußeren Fußrand. Ansonsten würde es zu einer reflektorischen Anspannung der Mm. triceps surae kommen, was das Testergebnis verfälschen würde. Es reicht nicht aus nur die Fußsohle in Richtung Schienbein zu drücken, ausschlaggeben ist der zusätzliche Zug an der Ferse (Janda, 2000, S. 255). Die Bewertung des Testes erfolgt über eine Einteilung in Stufen (nach Janda, 2000, S. 255). Stufe 0: Keine Defizite in der Beweglichkeit. Die Dorsalextension ist mindestens bis zur 0° - Stellung möglich (90° zwischen Fuß und Unterschenkel). Stufe 1: Leichte Defizite in der Beweglichkeit. Die 0° - Stellung wird nicht erreicht, jedoch ist eine Dorsalextension möglich. Stufe 2: Deutliche Defizite in der Beweglichkeit. Dorsalextension ist nur bis 10° unterhalb der 0° - Stellung möglich.

2.2 Darstellung der Testergebnisse der Person X

Tab. 3: Darstellung der Testergebnisse der Person X

Getestete Muskelgruppe	Testergebnis	Bewertung
Brustmuskel (M. pec-toralis major)	Rechts: Stufe 1 Links: Stufe 1	Leichte Beweglichkeitsdefizite. Die Horizontale wird nicht erreicht, kann aber durch leichten Druck des Testers erreicht werden.
Hüftbeugemuskulatur (speziell M. iliop-soas)	Rechts: Stufe 1 Links: Stufe 1	Leichte Beweglichkeitsdefizite. Der Oberschenkel kann nur durch leichten Druck des Testers bis zur Horizontalen bewegt werden.
Kniestreckmuskulatur (speziell M. rectus femoris)	Rechts: Stufe 0 Links: Stufe 0	Keine Beweglichkeitsdefizite. Der Unterschenkel hängt senkrecht herab und durch leichten Druck des Testers kann die Kniebeugung vergrößert werden.
Kniebeugemuskulatur (Mm. Ischiocrurales)	Rechts: Stufe 1 Links: Stufe 1	Leichte Beweglichkeitsdefizite. Die Flexion im Hüftgelenk ist im Ausmaß von 80 – 90 ° möglich.
Wadenmuskulatur (Mm. triceps surae)	Rechts: Stufe 0 Links: Stufe 0	Keine Beweglichkeitsdefizite. Die Dorsalextension ist mindestens bis zu 0° - Stellung möglich. (90° zwischen Fuß und Unterschenkel).

2.3 Bewertung und Interpretation der Testergebnisse der Person X

Der Beweglichkeitstest zeigt auf, dass bei der Testperson einige Beweglichkeitsdefizite vorliegen. Der Proband erreicht bei der Testung der Brustmuskulatur nur die Stufe 1. Zurückzuführen lässt sich das, auf die sitzende Tätigkeit der Testperson. Täglich mehrere Stunden am Schreibtisch, führen zu einer nach vorne gebeugten Haltung vom Oberkörper. Wird dagegen nichts getan, kann es gut sein, dass der Proband irgendwann mit einem Rundrücken zu kämpfen hat, da Schulterblätter und Nacken nach vorne geneigt sind. Bei der Testung der Hüftbeugemuskulatur und der Kniebeugemuskulatur wird jeweils auch nur die Stufe 1 erreicht. Diese Defizite lassen sich ebenfalls auf die sitzende Tätigkeit der Person schieben. Hüft- und Kniegelenk befinden sich über mehrere Stunden täglich in gebeugter Position und die Wirbelsäule in Schonhaltung.

3 Trainingsplanung Beweglichkeitstraining

3.1 Trainingsplanung für das Beweglichkeitstraining

Tab. 4: Trainingsplanung Beweglichkeitstraining

Zielmuskulatur	Methode	Häufigkeit pro Woche	Sätze	Intensität	Belastungs- dauer pro Satz
1. Wadenmuskulatur	Passiv- statisch	2mal	2-3	mittel	45 Sek.
2. Nackenmuskulatur	Passiv- statisch	2mal	2-3	niedrig	45 Sek.
3. Schultermuskulatur	Passiv- statisch	2mal	2-3	niedrig	45 Sek.
4. Brustmuskulatur	Aktiv- dyna- misch	2mal	2-3	niedrig	45 Sek.
5. Rumpfmuskulatur	Passiv- statisch	2mal	2-3	niedrig	45 Sek.
6. Beinstrecker	Passiv- statisch	2mal	2-3	mittel	45 Sek.
7. Hüftbeuger	Passiv- statisch	2mal	2-3	mittel	45 Sek.
8. Rückenstrecker	Aktiv- dyna- misch	2mal	2-3	hoch	45 Sek.
9. Beinbeuger	postiso- metrisch	2mal	2-3	hoch	30 Sek.
10. Gesäßmuskulatur	Passiv- statisch	2mal	2-3	mittel	45 Sek.

1. Übung: Dehnung der Wadenmuskulatur (M. gastrocnemius, M. soleus)

Die Ausgangposition für diese Übung ist der Stand. Ein Bein wird gestreckt nach hinten gestellt, so dass die Fußsohle auf dem Boden aufliegt. Das andere vordere Bein ist im Kniegelenk leicht gebeugt. Der Oberkörper wird leicht nach vorne gelehnt, so dass dieser mit dem Oberschenkel des hinteren Bein eine Linie bildet. Beide Fußspitzen zeigen parallel nach vorne. Durch die Beugung im vorderen Bein wird der Körperschwerpunkt vertikal nach vorne unten verlagert. Dadurch vergrößert sich die Dorsalextension im hinteren Bein und es kommt zur Dehnung. Diese wird dann statisch 2- Mal 45 Sekunden lang gehalten. Anschließend wird die Beinstellung gewechselt. (Dehnform/Arbeitsweise: passiv – statisch).

2. Übung: Dehnung der Nackenmuskulatur: (M. trapezius pars descendens)
Es wird ein aufrechter und stabiler Stand eingenommen. Die Füße werden etwa Schulterbreit positioniert. Der Rücken ist gerade, der Kopf befindet sich in Verlängerung der Wirbelsäule und der Blick ist nach vorne gerichtet. Der Kopf wird seitlich zur rechten Schulter hin bewegt, der Blick bleibt dabei nach vorne gerichtet. Die Dehnposition wird eingenommen, indem die linke Schulter aktiv nach unten gezogen wird. Diese Position wird 45 Sekunden gehalten, anschließend wird der Kopf zur linken Schulter hin bewegt und die rechte Schulter aktiv nach unten gezogen. Beide Seiten werden jeweils 2- Mal 45 Sekunden lang gehalten. (Dehnform/Arbeitsweise: passiv – statisch).

3. Übung: Dehnung der Schultermuskulatur (M. deltoideus pars spinata, M. trapezius pars transversa, Mm. rhomboidei)
Die Ausgangsposition dieser Übung ist ebenfalls der Stand. Die Füße werden etwa Schulterbreit positioniert um einen sicheren und stabilen Stand zu gewährleisten. Von hier aus wird der rechte Arm, mit leicht gebeugtem Ellbogengelenk vom Körper abgespreizt, und in Schulterhöhe vor dem Körper fixiert. Die Hand des rechten Armes liegt über der linken Schulter. Die linke, freie Hand übt Druck auf den Ellbogen aus indem sie den rechten angewinkelten Arm zum Körper schiebt. Anschließend wird die Übung mit dem anderen Arm durchgeführt. Beide Seiten werden jeweils 2-Mal 45 Sekunden lang gehalten. (Dehnform/Arbeitsweise: passiv – statisch).

4. Übung: Dehnung der Brustmuskulatur: (M. pectoralis major, M. biceps brachii, M. deltoideus pars clavicularis)
Die Ausgangsposition für diese Dehnung ist der Schulterbreite Stand. Der Oberkörper ist aufrecht. Die Hände werden hinter dem Körper verschränkt, und die Handflächen zeigen dabei nach innen. Gesäß und Bauchmuskulatur werden leicht angespannt und die Schultern bleiben tief. Um die Dehnung einzunehmen, werden die gestreckten Arme hinter dem Körper aktiv nach oben angehoben. Die Schultern bleiben dabei tief und der Oberkörper unverändert in einer aufrechten Position. Da diese Übung dynamisch er-

folgt, werden die gestreckten Arme immer im Wechsel leicht abgesenkt und wieder angehoben. Das ganze wird jeweils 2- Mal 45 Sekunden lang durchgezogen. (Dehnform/Arbeitsweise: aktiv – dynamisch).

5. Übung: Dehnung der seitlichen Rumpfmuskulatur: (M. latissimus dorsi, M. obliquus externus abdominis, M. obliquus internus abdominis)

Die Ausgangsposition für diese Übung ist der Schulterbreite Stand. Die Arme werden gestreckt und über dem Kopf verschränkt. Der Brustkorb bleibt aufgerichtet. Die Beckenachse ist gerade, die Knie sind leicht gebeugt und der Blick bleibt während der gesamten Übung nach vorne gerichtet. Bei gerade Beckenachse wird der Oberkörper leicht zur Seite geneigt. Unterstützt wird diese Dehnung noch durch einen leichten Zug nach oben, an dem zur Beugerichtung gegenüberliegenden Arm. Diese Position wird in beiden Seiten jeweils 2-Mal ca. 45 Sekunden lang gehalten. (Dehnform/Arbeitsweise: passiv – statisch).

6. Übung: Dehnung des Beinstreckers: (M. quadrizeps femoris)

Die Ausgangsposition zur Dehnung des Beinstreckers ist der Stand. Von hier aus wird das rechte Bein nach hinten angewinkelt und in Richtung des M. gluteus gezogen. Die rechte Hand umgreift das Sprunggelenk. Die Oberschenkel befinden sich während der Übungsausführung parallel zueinander und das Knie des rechten Beins zeigt vertikal nach unten. Der Oberkörper ist aufrecht und der Blick zeigt nach vorne. Durch den anderen freien Arm kann das Gleichgewicht ausbalanciert werden. Zur Dehnung wird das Becken gekippt und die Ferse maximal bis zum M. gluteus angezogen. Das Standbein bleibt während der Übungsausführung leicht gebeugt. Diese Position wird pro Seite jeweils 2-Mal 45 Sekunden lang gehalten. (Dehnform/Arbeitsweise: passiv – statisch).

7. Übung: Dehnung der Hüftbeugermuskulatur: (M. iliopsoas, M. rectus femoris)

Die Ausgangsposition bei dieser Dehnübung ist der Kniestand. Das rechte Bein wird vor den Körper auf den ganzen Fuß gestellt. Das rechte Kniegelenk ist leicht gebeugt. Das linke, hintere Bein liegt mit dem Knie und dem Unterschenkel flach auf dem Boden auf. Der Oberkörper wird gerade gehalten und die Hände werden auf dem vorderen Bein abgestützt. Für die Dehnung wird der Körperschwerpunkt nach vorne unten verlagert. Das Becken wird dabei abgesenkt, der Oberkörper bleibt allerdings während der gesamten Bewegung aufrecht. Die Dehnung wird jeweils 2-Mal 45 Sekunden lang gehalten. Anschließend werden die Beinpositionen gewechselt. (Dehnform/Arbeitsweise: passiv – statisch).

8. Übung: Dehnung des Rückenstreckers: (M. erector spinae)

Ausgangsposition für diese Übung ist der Vierfüßlerstand. Die Hände liegen Schulterbreit auf der Matte und das Ellbogengelenk ist leicht gebeugt. Die Bauchmuskulatur wird anschließend aktiv angespannt und die Wirbelsäule wird (so weit wie es möglich ist) nach oben gewölbt. Um diese Übung dynamisch durchführen zu können, wird die Bauchmuskulatur wieder etwas gelöst und die Wirbelsäule nach unten hin gestreckt. Die Übung wird jeweils 2-Mal 45 Sekunden lang durchgeführt. (Dehnform/Arbeitsweise: aktiv – dynamisch).

9. Übung: Dehnung des Beinbeugers: (M. ischiocrurales)

Ausgangsposition ist die Rückenlage. Die Arme liegen parallel neben dem Körper und der Kopf liegt in Verlängerung der Wirbelsäule auf der Matte. Das linke Bein wird im Kniegelenk angewinkelt und mit der ganzen Fußsohle auf die Matte aufgestellt. Das rechte Bein wird im getreckten Zustand vom Trainer gehalten. Das gestreckte Bein des Kunden legt der Trainer an seine rechte Schulter an, so dass sich das Sprunggelenk des Kunden in etwa auf der Höhe des Ohres vom Trainer befindet. Zusätzlich fixiert der Trainer das Knie des Kunden in dem er eine Hand am Sprunggelenk des Kunden anlegt und die andere etwas unterhalb des Knies. Das Bein sollte dauerhaft gestreckt bleiben. Anschließend übt der Trainer einen postisometrischen Druck auf die Zielmuskulatur aus, in dem er das getreckte Bein des Kunden ein Stück in Richtung Oberkörper des Kunden bewegt. Diese Dehnung wird 10 Sekunden gehalten. Danach wird 5 Sekunden entspannt. Im nächsten Schritt wird noch ein Stück weiter gedehnt, 20 Sekunden gehalten und 10 Sekunden entspannt. Im letzten Schritt wird das Bein bis zur Dehngrenze gedehnt, was ebenfalls wieder für 20 Sekunden gehalten und 10 Sekunden entspannt wird. Danach wird das Ganze mit dem anderen Bein durchgeführt. Insgesamt wird jede Seite 2-Mal gedehnt. (Dehnform: postisometrisch).

10. Übung: Dehnung der Gesäßmuskulatur: (M. glutaeus maximus, M. glutaeus medius, M. glutaeus minimus)

Bei dieser Dehnung befindet sich die Ausgangsposition ebenfalls in der Rückenlage. Das linke Bein wird mit gebeugtem Kniegelenk auf den Boden aufgestellt. Das rechte Bein wird mit dem Unterschenkel an der Oberschenkelvorderseite des aufgestellten

Beins platziert. Dabei wird die rechte Hüfte nach außen rotiert. Schultergürtel und Kopf liegen locker auf dem Boden auf. Das aufgestellte Bein wird an der Oberschenkelrückseite ergriffen und zum Körper heran gezogen. Anschließend werden die Positionen der Beine getauscht. Die Dehnung wird pro Seite jeweils 2-Mal 45 Sekunden lang gehalten. (Dehnform/Arbeitsweise: passiv – statisch).

3.2 Begründung des Beweglichkeitstrainings

Das Beweglichkeitstraining für die Person wurde ganz nach seinen Einschränkungen und individuellen Daten erstellt. Ebenso wurden die Testergebnisse des Beweglichkeitstest nach Janda berücksichtigt (siehe 2.2). Für die Methoden, der einzelnen Übungen, wurde meistens die passiv- statische Dehnung gewählt. Diese ist für Einsteiger sehr gut geeignet, da die Anwendung simpel ist und fast jeder Muskel mit dieser Methode ausreichend gut gedehnt wird (Schönthaler & Ohlendorf, 2002). Auch die Verletzungsgefahr ist sehr gering, da die Dehnpositionen langsam eingenommen werden und Muskeldehnungsreflexe weitgehend reduziert werden. Die Dehndauer pro Satz beträgt 45 Sekunden, eine längere Belastungsdauer ist nicht notwendig, da es keinen Mehreffekt für die Person hat (Schönthaler & Ohlendorf, 2002). Die Häufigkeit pro Woche liegt bei 2mal, da 1mal noch für das Koordinationstraining eingeplant wird (siehe 4.1). Außerdem sind zwei bis drei Dehntrainingseinheiten pro Woche für einen Beginner ausreichend (Rancour, Holmes & Cipriani, 2009). Da der zeitliche Verfügungsrahmen des Kunden bei 2-3mal in der Woche liegt, lassen sich Beweglichkeitstraining sowie Koordinationstraining problemlos unterkriegen. Die Sätze liegen bei 2-3mal, wobei zu Beginn des Trainings erst mal mit 2 Sätzen trainiert werden kann. Da es sich um einen Anfänger im Beweglichkeitstraining handelt wird sich die Beweglichkeit, auch unabhängig von Dehnmethode sowieso verbessern (Schönthaler & Ohlendorf, 2002, S. 29). Um das Training im späteren Verlauf zu steigern, kann auch mit 3 Sätzen trainiert werden, solange es den zeitlichen Rahmen des Kunden nicht sprengt. Zur Dehnintensität gibt es nur wenige Studien. Eine Verbesserung der Beweglichkeit, durch ein regelmäßiges Training wird langfristig sowieso erreicht werden. Marschall (1999) untersuchte in seiner Studie die unterschiedlichen Dehnintensitäten und deren Effekte (siehe 5.) Durch eine höhere Intensität konnte zwar eine höhere Beweglichkeit erzielt werden, allerdings lässt sich das auf die Zielperson nicht so anwenden. Es empfiehlt sich daher, aus pädagogischer Sicht, mit einem Dehntraining von niedriger bis mittlerer Intensität zu starten.

Lediglich bei zwei Übungen wurde eine hohe Intensität gewählt um den Kunden etwas herauszufordern.

4 Trainingsplanung Koordinationstraining

4.1 Trainingsplanung für das Koordinationstraining

Tab. 5: Trainingsplanung Koordinationstraining

Übung	Trainingshäufigkeit pro Woche	Sätze pro Übung	Satzpausen	Belastungsdauer
Koordinationsübung 1	1mal	2	30Sek	30sek
Koordinationsübung 2	1mal	2	30Sek	30sek
Koordinationsübung 3	1mal	2	30Sek	30sek
Koordinationsübung 4	1mal	2	30Sek	30sek
Koordinationsübung 5	1mal	2	30Sek	30sek
Koordinationsübung 6	1mal	2	30Sek	30sek
Koordinationsübung 7	1mal	2	30Sek	30sek
Koordinationsübung 8	1mal	2	30Sek	30sek
Koordinationsübung 9	1mal	2	30Sek	30sek
Koordinationsübung 10	1mal	2	30Sek	30sek

Koordinationsübung 1: Beidbeiniger Stand auf stabiler Unterlage
Der Kunde steht hüftbreit auf einer stabilen Unterlage. Der Rücken ist aufrecht und der Kopf in Verlängerung der Wirbelsäule. Der Trainer schubst den Kunden an verschiedenen Stellen des Oberkörpers leicht an. Der Trainierende muss so gut es geht die Bewegungen ausbalancieren.

Koordinationsübung 2: Ball werfen im beidbeinigen Stand auf stabiler Unterlage
Der Kunde steht hüftbreit auf beiden Beinen. Die Unterlage ist stabil und der Oberkörper befindet sich in einer aufrechten Position. Der Trainer wirft dem Kunden einen Ball zu, den er mit beiden Händen sicher fangen soll. Anschließend wirft er den Ball dem Trainer zurück. Diese Übung wird 30 Sekunden lang so schnell wie möglich durchgeführt.

Koordinationsübung 3: Ball werfen im beidbeinigen Stand auf instabiler Unterlage

Der Kunde steht hüftbreit mit beiden Beinen auf einem BOSU Balance Ball. Der Trainer wirft dem Kunden einen Ball zu, den er mit beiden Händen sicher fangen soll. Anschließend wirft er den Ball dem Trainer zurück. Diese Übung wird 30 Sekunden lang so schnell wie möglich durchgeführt.

Koordinationsübung 4: Ball werfen im einbeinigen Stand auf stabiler Unterlage

Der Kunde steht auf einem Bein auf einer stabilen Unterlage. Der Trainer wirft dem Kunden einen Ball zu, den er mit beiden Händen sicher fangen soll. Anschließend wirft er den Ball dem Trainer zurück. Diese Übung wird 30 Sekunden lang so schnell wie möglich durchgeführt, dann wird das Bein gewechselt.

Koordinationsübung 5: Ball werfen im einbeinigen Stand auf instabiler Unterlage

Der Kunde steht auf einem Bein auf einem BOSU Balance Ball. Der Trainer wirft dem Kunden einen Ball zu, den er mit beiden Händen sicher fangen soll. Anschließend wirft er den Ball dem Trainer zurück. Diese Übung wird 30 Sekunden lang so schnell wie möglich durchgeführt, dann wird das Bein gewechselt.

Koordinationsübung 6: Ball fangen im wechselnden einbeinigen Stand auf instabiler Unterlage

Der Kunde steht auf einem Bein auf einem BOSU Balance Ball. Der Trainer wirft dem Kunden einen Ball zu, welchen der Kunde mit beiden Händen fangen soll. Zusätzlich ruft der Trainer, während er den Ball dem Kunden zuwirft, „rechts" oder „links." Der Kunde muss sich dann schnellstmöglich auf das rechte bzw. linke Bein stellen um den Ball zu fangen, und diesen zurück zum Trainer zu werfen. Diese Übung wird 30 Sekunden lang so schnell wie möglich durchgeführt.

Koordinationsübung 7: Ball mit beiden Händen prellen auf instabiler Unterlage

Der Kunde steht hüftbreit mit beiden Beinen auf einem BOSU Balance Ball. Der Kunde bekommt einen Ball, den er 30 Sekunden lang mit beiden Händen, so oft wie möglich auf den Boden prellen soll. Der Kunde sollte weder den Ball verlieren oder vom BOSU Balance Ball fallen. Diese Übung wird 30 Sekunden lang so schnell wie möglich durchgeführt.

Koordinationsübung 8: Ball mit jeweils einer Hand prellen auf instabiler Unterlage

Der Kunde steht hüftbreit mit beiden Beinen auf einem BOSU Balance Ball. Der Kunde bekommt einen Ball, den er 30 Sekunden lang mit einer Hand, so oft wie möglich auf den Boden prellen soll. Der Kunde sollte weder den Ball verlieren oder vom BOSU Balance Ball fallen. Diese Übung wird 30 Sekunden lang so schnell wie möglich durchgeführt, dann wird die Hand gewechselt.

Koordinationsübung 9: Ball mit jeweils einer Hand um Hindernisse herum prellen

Der Kunde soll mit einem Ball um zwei Hindernisse herum prellen. Die Hindernisse (zum Beispiel Hütchen oder Stühle) stehen im Abstand von 5 Metern auseinander. Der Kunde soll den Ball möglichst fehlerfrei um die Hindernisse herum prellen. Die Strecke die er dabei läuft verläuft in Form einer acht. Der Oberkörper sollte während der gesamten Übung aufrecht gehalten werden. Diese Übung wird 30 Sekunden lang so schnell wie möglich durchgeführt.

Koordinationsübung 10: Ball mit Füßen um Hindernisse herum dribbeln

Der Kunde soll mit seinen Füßen, einen Ball, um zwei Hindernisse herum dribbeln. Die Hindernisse (zum Beispiel Hütchen oder Stühle) stehen im Abstand von 5 Metern auseinander. Der Kunde soll mit dem Ball möglichst fehlerfrei um die Hindernisse herum dribbeln. Die Strecke die er dabei dribbelt verläuft in Form einer acht. Der Oberkörper sollte während der gesamten Übung aufrecht gehalten werden. Diese Übung wird 30 Sekunden lang so schnell wie möglich durchgeführt.

4.2 Begründung des Koordinationsprogrammes

Betrachtet man die Personendaten der Person (siehe Tab.1), ergeben sich die oben genannten Koordinationsübungen. Aufgrund der sitzenden Tätigkeit dieser Person, werden verstärkt Koordinationsübungen gewählt, welche das Gleichgewicht im Unterkörper fördern sollen. Außerdem werden diese Übungen der Person auch beim Fußball zu Gute kommen. Beim Fußball werden hohe koordinative Fähigkeiten beansprucht, da es ständig zum Wechsel von Bewegungsabläufen und Umweltbedingungen kommt. Somit müssen ständig neue Einflussgrößen verarbeitet werden. Zum Beispiel die ständig wechselnde Spielsituation. Um die Koordinationsübungen richtig auszuwählen, wurde bedacht, dass sie relativ schnell zu erlernen sein sollen, und in verschiedenen Situationen ökonomische Anwendbarkeit finden. Hierbei wurde auf die sieben speziellen koordinativen Fähigkeiten eingegangen (Chwilkowski, 2006, S. 10–11).

Da der zeitliche Verfügungsrahmen der Person bei 2-3mal pro Woche liegt, wurde für das Koordinationsprogramm ein Tag in der Woche eingeplant. Die anderen zwei Tage werden für das Dehnprogramm benötigt. Die Übungen werden in 2 Sätzen jeweils 30 Sekunden lang durchgeführt. Zwischen den Übungen werden Satzpausen von ca. 30 Sekunden eingelegt. Da die Person zwar Fußball spielt, aber noch nie ein reines Koordinationsprogramm absolviert hat, dürfte das für den Anfang seine koordinativen Fähigkeiten genügend beanspruchen.

5 Literaturrecherche: Effekte des Dehnens auf die Bewegungsreichweite bzw. auf die Dehnungsspannung

Studie 1: Wie beeinflussen unterschiedliche Dehnintensitäten kurzfristig die Veränderung der Bewegungsreichweite? (Marschall, 1999)

Durchführung der Studie von: Marschall, F.

Jahr der Publikation: 1999

Versuchspersonen: 21 Versuchspersonen davon 9 Frauen und 12 Männer, im Alter von 24,8 (+/- 3,4) Jahren.

Versuchsaufbau:

Die Testpersonen wurden an einem Messtisch, der von Ott und Schönthaler entwickelt wurde getestet. Unter Berücksichtigung der Drehachse, einer fixierter Wirbelsäule und fixiertem Gegenbein wird über eine elektronische Steuerung die Dehnposition für die ischiocrurale Muskulatur angefahren. Die Dehnposition wurde nur zwei Sekunden gehalten und nach beiden Trainingsprozeduren unmittelbar nach dem erreichen wieder aufgelöst. Die Winkelmessung erfolgte über einen digitalen Drehimpulsgeber. Nach einem Eingewöhnungstest zur Erfassung der maximalen Dehnbarkeit (Dmax) der ischiocruralen Muskulatur wurden die Versuchspersonen zufällig den treatment-Gruppen „Weiches Dehnen" und „Maximales Dehnen" zugewiesen. Anschließend wurde nach einer spezifischen Erwärmung der ischiocruralen Muskulatur die Dmax durch die standardisierte Kniegelenkbeugung im Vortest erfasst. Die Testprodur bestand aus 15 Wiederholungen ohne Pause. Getestet wurde aus der 0°-Position des Hüftgelenks heraus, bis zur jeweiligen treatment- Grenze der Versuchsperson. Abschließen wurde nochmal die maximale Dehnbarkeit (Dmax) gemessen.

Ergebnisse/Schlussfolgerung:

Beide Intensitätsstufen führten zu einer signifikanten Verbesserung der maximalen Bewegungsreichweite. Die Differenz der Dmax zwischen Vor- und Nachtest, beträgt bei maximaler Intensität 7,24 +/- 4,29°(„maximales" Dehnen). Bei submaximaler Intensität 3,29 +/- 4,53°(„weiches" Dehnen). Vergleicht man die Beiden Dehnungsmethoden statisch, zeigt sich, dass sich die Veränderung der Dehnungsreichweite nach maximalem Dehnen deutlich von der nach weichem Dehnen unterscheidet. Die Dehnschwelle verschiebt sich im Verlauf der 15 Wiederholungen nicht.

Studie 2: Beeinflussung muskulärer Parameter durch ein zehnwöchiges Dehnungstraining. (Wiemann, 1991)

Durchführung der Studie von: Wiemann, K.

Jahr der Publikation: 1991

Versuchspersonen: 25 Studenten (12 Frauen/ 13 Männer) der Universität Wuppertal, die vor dem Experiment kein regelmäßiges Dehntraining betrieben haben.

Versuchsaufbau: Die 25 Studenten wurden einem zehnwöchigem Dehntraining der ischiocruralen Muskulatur unterzogen. Es wurde dreimal wöchentlich jeweils 15 Minuten in Form des statischen Dehnens trainiert. Vor und nach dem zehn wöchigem Experiment wurden folgende Parameter der ischiocruralen Muskulatur bestimmt: Dehnfähigkeit, Dehnungsspannung, Reflexaktivität, Kontraktionskraft, Explosivkraft, Mediallänge und Faserlänge.

Ergebnisse/Schlussfolgerung: Die Studie zeigt auf, dass sich nach dem Experiment eine deutliche Verbesserung in der Dehnfähigkeit der ischiocruralen Muskulatur aufzeigen lässt. Dies ist erkennbar an der Vergrößerung des Hüftbeugewinkels. Effekte wie Verminderung des Ruhetonus und die Beseitigung von Muskelverkürzung konnten nicht nachgewiesen werden, hierzu sei ein Dehnungstraining mit deutlich größerem Umfang und höherer Intensität notwendig.

6   Literaturverzeichnis

Albrecht, K., Meyer, S. & Zahner, L. (2001). *Stretching. Das Expertenhandbuch ; Grundlagen für Trainer und Sportler* (Manuelle Medizin, 3., überarb. Aufl.). Heidelberg: Haug.

Blutdrucktabelle | BlutdruckDaten-Lexikon. Zugriff am 23.01.2018. Verfügbar unter https://www.blutdruckdaten.de/lexikon/blutdrucktabelle.html

Chwilkowski, C. (2006). *Medizinisches Koordinationstraining. "Verbesserung der Haltungs- und Bewegungskoordination durch Propriozeption"* (2. Aufl.). Köln: Dt. Trainer-Verl.

Janda, V. (Hrsg.). (2000). *Manuelle Muskelfunktionsdiagnostik* (4., überarb. und erw. Aufl.). München: Elsevier Urban & Fischer.

Marschall, F. (1999). Wie beeinflussen unterschiedliche Dehnintensitäten kurzfristig die Veränderung der Bewegungsreichweite? *Deutsche Zeitschrift für Sportmedizin, 50* (1), 5–16. Zugriff am 11.01.2018. Verfügbar unter https://www.researchgate.net/profile/Franz_Marschall2/publication/228118165_Wie _beeinflussen_unterschiedliche_Dehnintensitaten_kurzfristig_die_Veranderung_der_ Bewegungsreichweite/links/54ef30590cf25f74d721b6ee.pdf

Rancour, J., Holmes, C. F. & Cipriani, D. J. (2009). The effects of intermittent stretching following a 4-week static stretching protocol. A randomized trial. *Journal of strength and conditioning research, 23* (8), 2217–2222. https://doi.org/10.1519/JSC.0b013e3181b869c7

Schönthaler, S. R. & Ohlendorf, K. (2002). *Biomechanische und neurophysiologische Veränderungen nach ein- und mehrfach seriellem passiv-statischem Beweglichkeitstraining* (Wissenschaftliche Berichte und Materialien / Bundesinstitut für Sportwissenschaft, Bd. 2002,3). Köln: Sport und Buch Strauss.

Wiemann, K. (1991). langzeitdehn.PDF, *21* (3), 195–306. Zugriff am 23.01.2018. Verfügbar unter http://www.biowiss-sport.de/Langzeitdehn.pdf

7   Abbildungs- und Tabellenverzeichnis

7.1 Abbildungsverzeichnis

7.2 Tabellenverzeichnis